Dedicado a:

_____

Por:

_____

Fecha:

_____

Venciendo El Miedo & El Desánimo

Dra. Laura Balcácer De Núñez

PÁGINA LEGAL

Venciendo El Miedo & El Desánimo

Dra. Laura Balcácer De Núñez

Copyright © 2023 Dra. Laura Balcácer De Núñez

laurabalcacer136@gmail.com

Créditos de Diseño: Ruth Velázquez

Categoría Espiritual

ACERCA DE LA AUTORA

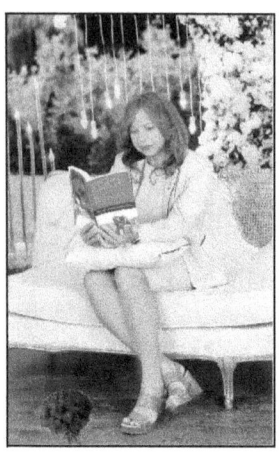

Mi nombre es Laura Balcácer Fernández y vengo de una familia de 13 hermanos, siendo yo la número 8 de 7 mujeres y 6 hombres. Mis padres son Lorenzo Balcácer Acosta y mi madre Cecilia Fernández y Contreras.

Realicé mis estudios universitarios en la Universidad Central del Este, obteniendo el título de Doctora en Odontología. Ejercí mi carrera en mi pueblo natal, Bonao, provincia Monseñor Nouel, República Dominicana.

Además de mi profesión, desempeño roles importantes en mi vida: soy esposa, madre, abuela, amiga, tía, entre otros.

Me considero una persona integra, honesta y con buen sentido del humor. Mi pasatiempo favorito es leer y escribir.

Algunos de mis versos favoritos son:

"Filipenses 4:13 - Todo lo puedo en Cristo que me fortalece."

"Romanos 8:28 - Y sabemos que Dios va preparando todo para el bien de los que lo aman, es decir, de los que él ha llamado de acuerdo con su plan. Amén."

DEDICATORIA

Dedico este libro a mi Señor y Salvador, Cristo Jesús, mi amigo fiel y verdadero que ha transformado mi vida. También dedico esta obra al Espíritu Santo, quien me guía en cada paso que doy, y a quien ama mi alma. Sin Él, mi existencia carecería de sentido, sin fijarse en mis imperfecciones y defectos; Él extendió su mano y hasta aquí me ha sostenido, proporcionándome paz, gozo, salud física y espiritual. Agradezco a mi esposo por su comprensión y paciencia en las noches de encierro, buscando dirección y guía del Espíritu Santo. Expreso mi gratitud a mi hijo Alexander, a su esposa Indhyra, y a mi preciosa nieta Alindhy. A pesar de los momentos que quizás deje de compartir en familia, espero que este libro les sea útil a todos y que nunca les visite el desánimo y el miedo. ¡DIOS LOS BENDIGA!

INTRODUCCIÓN

Este libro presenta experiencias personales y manifestaciones sobrenaturales del amor y el poder de Dios. En estos tiempos, el miedo y el desánimo están más presentes que nunca, incluso en la comunidad cristiana. En mi opinión, después de la pandemia del COVID-19, más personas han caído en la ansiedad, el desánimo y la depresión, sin importar su género, edad, raza o cultura. Niños y jóvenes también se enfrentan a la depresión de una manera inédita, también aquellos que parecen tener resuelta su vida económica y poseen un alto nivel cultural. Uno se pregunta ¿por qué? Sencillo, simplemente porque su enfoque está en el lugar incorrecto…

Si caminamos a la luz de la Palabra y confiamos en Dios, nuestro creador y salvador, seremos transformados. En tiempos difíciles, la oración y el tiempo con Dios traen un cambio positivo, (esto no es fanatismo ni religiosidad). Oro para que este libro sea una bendición para la vida espiritual de cada lector. Amén…

CONTENIDO

CAPÍTULO I

¿Qué es el miedo?

Podemos definir la palabra "miedo" como un sentimiento de desconfianza y recelo ante una situación, persona, peligro o riesgo. Puede manifestarse en diversas intensidades, desde temor, pánico, horror, etc...

Existen dos tipos de miedo: el real y el irracional. El mismo tiene su origen en un pensamiento imaginario, o distorsionado.

Cuando experimentamos miedo de manera continua, este puede obstaculizar el logro de nuestros objetivos en la vida. Recordemos las palabras del Evangelio de Lucas 12:32, RVR1960, "No temas, rebaño pequeño, porque vuestro Padre ha tenido a bien darnos el reino. ¡Aleluya!"

El miedo está asociado con la aparición de ciertas enfermedades en nuestro cuerpo, como afectaciones en los riñones, ya que paraliza y bloquea la energía renal. Además, el estómago también se ve afectado por el miedo.

El miedo genera respuestas fisiológicas, corporales y conductuales, como el aumento del ritmo cardíaco, dilatación de las pupilas y la liberación de hormonas como el cortisol y la adrenalina. Estas emociones negativas afectan el sistema inmunológico…

Un ejemplo en la Biblia de alguien que vivió con miedo fue Gedeón. Cuando Dios le ordenó por primera vez rescatar a los Israelitas, se escondió en un lagar para huir de sus enemigos. Sin embargo, con la ayuda de Dios, Gedeón venció a los Madianitas.

En ocasiones, debemos tomar decisiones importantes, y no siempre estamos seguros de si estamos tomando las decisiones correctas. La naturaleza humana tiende a la inseguridad, y esa inseguridad y el miedo a menudo nos hacen ver las cosas con nuestros propios ojos, no como Dios las ve.

Por esta razón, Dios se indignó con Gedeón, ya que no era su propia fuerza la que prevalecía, sino la presencia de Dios y su llamado. Cuando Dios te envía, no te deja en la vergüenza. Amén.

A lo largo de toda su historia, Gedeón demostró miedo, ansiedad y dudas. Estos sentimientos se evidencian en el Libro de Jueces 6:11-12-13. En el versículo 12, el ángel de Jehová se le apareció y le dijo: "Jehová está contigo, varón esforzado y valiente."

Dios llama a las cosas que no son como si fueran, y este llamado hizo que Gedeón cambiara su actitud.

En el verso 13, Gedeón se pregunta: "Y si Jehová está con nosotros, ¿por qué nos sucede todo esto?". A veces, creemos que si las cosas no salen como esperamos, es porque Dios no está con nosotros. Sin embargo, la realidad es contraria; Dios tiene un plan mejor para nosotros, y a menudo olvidamos todas las cosas maravillosas que

Él ha hecho por nosotros, al igual que les sucedió a los Israelitas cuando preguntaron: "¿Y dónde están todas tus maravillas que nuestros padres nos han contado?".

En esos momentos, Gedeón se sintió desamparado, y a todos nos ha sucedido en algún momento oscuro de nuestra vida, cuando el miedo y la duda se presentan. En tales momentos, debemos recordar lo que dijo el salmista en el Salmo 123:1-2: "Servimos al Dios todopoderoso, en quien podemos confiar.

Él obrará incluso en medio de las circunstancias más difíciles. No lo dudemos." Amén.

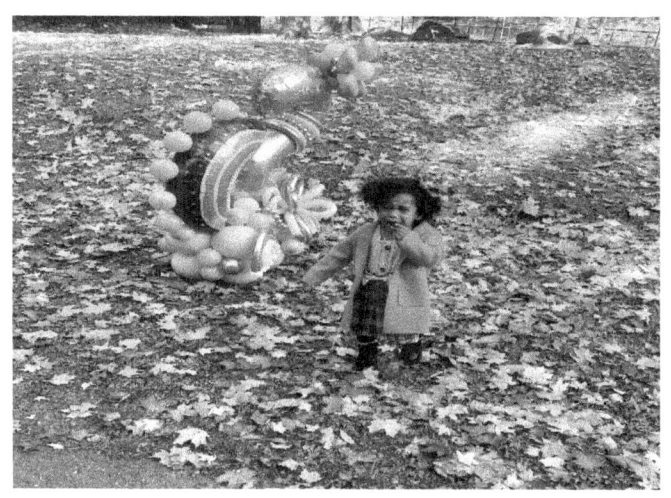

CAPÍTULO II

¿Qué es el desánimo?

El desánimo es la falta de ánimo, fuerza o energía para hacer, resolver o emprender algo. Dios nunca dará algo importante a personas con un espíritu fluctuante, ya que este se asemeja a las olas del mar que van y vienen.

El desánimo te lleva a dejar las cosas a medias: comienzas un proyecto y no lo terminas, empiezas a leer un libro y no lo completas, comienzas la universidad y la abandonas, empiezas a estudiar la Biblia y no la terminas. Incluso cuando Dios te da un ministerio, el desánimo puede llevarte a abandonarlo.

Esto demuestra que eres inconstante, todo comienza y no termina. Pero, si le pides a Dios, Él te dará la oportunidad de alcanzar tus sueños y metas.

Efesios 4:14 (RVR 1960) nos dice para que ya no seamos niños fluctuantes, llevados por doquiera de viento de doctrina, por estratagema de hombres que para engañar con astucia emplean artimañas propias de error. Estos engaños son tramados por hombres infieles, que fingen ser personas buenas, pero están guiados por Satanás con el propósito de desviar a los hijos de Dios de su camino. Amén.

Dios no nos ha dado espíritu de cobardía, sino de poder y dominio propio. Esto lo encontramos en el libro de 2 Timoteo 1:7 (RVR1960). Tienes que aprender a controlar tus pensamientos, sentimientos y acciones en lugar de permitir que ellos te controlen a ti.

Dios no dará nada significativo a una persona que se deja controlar por sus emociones. Amén…

Por ejemplo, aprender a manejar la ira y el enojo sin herir a quienes están a tu lado. También es importante saber cómo gestionar el tiempo que invertimos en las redes sociales en comparación con el tiempo dedicado al estudio, la capacitación y el descanso.

Como se suele decir "las palabras, después de que las soltamos, producen su efecto, ya sea bueno o malo"

Por lo tanto, debemos hablar en tonos suaves y amables, evitando ser ofensivos o bruscos.

La Biblia nos insta a ser "rápidos para escuchar y tardo para contestar". Amén…

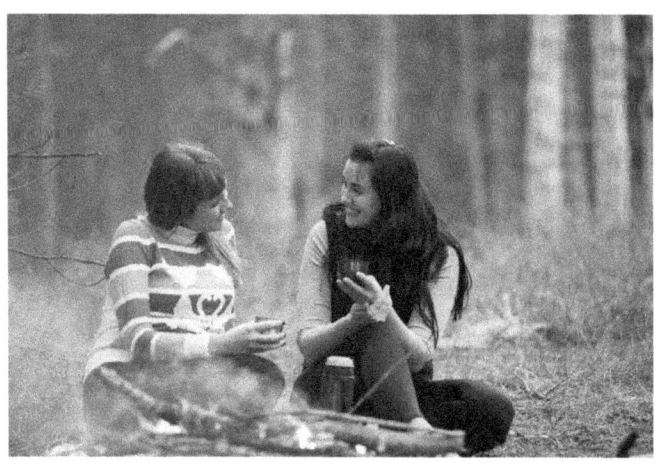

CAPÍTULO III

¿Por qué llega el desánimo?

Cuando nos encontramos desanimados, sin motivación y sin ganas de seguir adelante debido a situaciones en las que las cosas no van como esperábamos, como problemas en nuestro negocio o empresa, la pérdida de empleo, recibir una carta de divorcio inesperada, hijos rebeldes, y muchas otras circunstancias, es normal que el desánimo invada nuestras vidas.

A menudo, la montaña parece demasiado alta, el valle muy oscuro y la batalla demasiado intensa. En esos momentos, perdemos el coraje y la fuerza para continuar. Sin embargo, es importante recordar lo que Dios nos dice en 2 Crónicas 32:7 (NTV): "Sean fuertes y valientes. No tengan miedo ni se desalienten por causa del Rey de Asiria o su poderoso ejército, porque hay un poder mucho más grande de nuestro lado..."

¡Sean fuertes y valientes! No tengan miedo ni se desalienten. Llénense de valor y no se dejen intimidar, porque si Dios está por nosotros, ¿quién podrá contra nosotros? Como nos dice el Salmo 27:14, "Espera con paciencia al Señor..."

No dependas de los noticieros, del diagnóstico o de las circunstancias; más bien, depende de la Palabra de Dios y de sus promesas. Ve de rodillas a su presencia, sal de la cueva y párate en la brecha por tu familia, por tu ministerio y por todos aquellos a quienes Dios ha puesto en tus manos.

Recuerda que el único que vino a matar, robar y destruir es Satanás, y que el Señor lo reprenda. El ladrón no viene sino para hurtar, matar y destruir. Como nos dice San Juan 10:10, "Yo he venido para que tengan vida, y la tengan en abundancia."

¿A quién le crees, a Dios o al enemigo?

Depende de Dios. Aférrate a Él y busca pasar tiempo de calidad en su presencia. Dedica tiempo a la lectura de su palabra y medita en ella, ya que como dice San Juan 8:32 (NTV), "conocerán la verdad, y la verdad los hará libres."

Se valiente y esforzado, y espera al Señor con paciencia, como nos dice Josué 1:5 (NTV): "Nadie podrá hacerte frente mientras vivas. Pues yo estaré contigo como estuve con Moisés. Amén. No te fallaré ni te abandonaré."

Amados lectores, cuando leí esta promesa, la hice mía, y desde entonces jamás me he vuelto a desanimar ni a depender de los hombres ni de las circunstancias, sino del que me conoce desde el vientre de mi madre, mi creador, mi Padre celestial. El que me dice que, aunque padre y madre me dejen, Él nunca me dejará ni me desamparará... Amén.

Es fácil desanimarse cuando buscamos recompensa o afirmación de aquellos que nos rodean. Si nuestro servicio u obediencia se basa en la gratificación inmediata, quizás estemos preparándonos para el desánimo.

Mi experiencia personal me ha enseñado a esperar solo de Dios y no hacer nada esperando ser recompensado por los hombres. Hay más satisfacción en dar que en recibir.

Cuando nos desanimamos, es de gran ayuda estar a solas con Dios y permitirle que examine nuestros corazones y nuestras motivaciones, como nos dice el Salmo 139:23 (RVR1960).

A menudo, es el orgullo, la codicia o la avaricia lo que alimenta nuestro desánimo. A veces, el desánimo surge de la creencia de que merecemos todo o que tenemos derecho a algo o alguien, cuando en realidad no es así...

Pero cuando reconocemos esa actitud como pecado ante Dios, podemos arrepentirnos, humillarnos y permitir que el Espíritu Santo nos transforme y ajuste nuestras expectativas. Cuando utilizamos el desánimo como un recordatorio de que nuestras prioridades se han distorsionado, el desánimo se convierte en una herramienta para asemejarnos más a Jesús. Amén.

Como dijo el salmista en Salmo 42:5-6 (RVR1960): "¿Por qué te abates, oh alma mía, y por qué te turbas dentro de mí? Espera en Dios, porque aún he de alabarle, Salvación Mía y Dios mío... Mi alma está abatida en mí; me acordaré, por tanto, de ti."

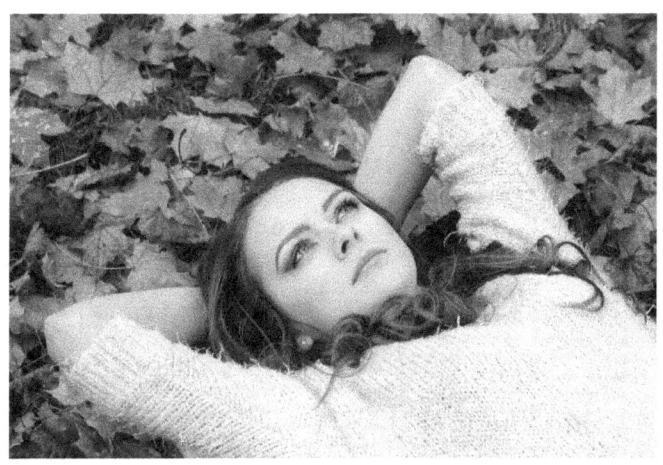

CAPÍTULO IV

Como vencer el desánimo

El desánimo es un proceso progresivo que comienza de manera gradual, de menos a más. Poco a poco te va quitando el deseo de realizar tus quehaceres cotidianos, incluso llegando a afectar tu capacidad para orar o asistir a la iglesia, escuela, o al gimnasio. Experimentas una insatisfacción total y ya no encuentras contentamiento en nada ni en nadie. En ocasiones, puede manifestarse como una sensación de tristeza, deseos de llorar sin motivo aparente, y es posible que no te des cuenta de que estás experimentando desánimo.

No te rindas en medio de este proceso. A veces, en lo espiritual, todo parece estar bien, pero en cuanto a las emociones, te sientes en el suelo. Como se dice, si necesitas consejería, búscala, ya que es de sabios buscar ayuda.

Puede ser que te sientas desanimado y digas: "No sé qué me pasa hoy, no quiero salir de casa", cuando sabes que tienes una asignación por cumplir, tienes que vencer, en el nombre de Jesús, Amén. Debes recordar las promesas de Dios y aplicarlas en tu vida diaria, caminando por fe y no por vista.

Cuando conocemos a Dios, podemos aferrarnos a sus promesas y ver su cumplimiento, ya que estas promesas no caducan, sino que siguen vigentes. Por lo tanto, debemos llevar cautivo cada pensamiento a la obediencia de Cristo.

Segunda Corintios 10:4-5 en la versión PDT nos dice: "Las armas con las que luchamos no son de este mundo, sino que tienen el poder de Dios para destruir las fortalezas del enemigo. Con nuestras armas, también destruimos los argumentos de los que están en contra nuestra."

El verso 5 continúa: "Y así acabamos con el orgullo que no permite a la gente conocer a

Dios. Podemos capturar todos los pensamientos y hacer que obedezcan a Cristo, no a las obras de la carne." Amén.

¿Qué haces? ¿lo que sientes, lo que piensas o lo que Dios te dice? Contéstalo a ti mismo... Yo estoy tratando de hacer lo que Dios dice. Alabado sea su nombre.

Si Dios está por nosotros, ¿quién puede estar contra nosotros? ¿Quién acusará a los escogidos de Dios? Dios es quien justifica, como nos dice el libro de Romanos 8:33 (RVR1960).

En Dios encontramos la solución, pero si escuchamos la voz del desánimo, no podremos escuchar la voz de Dios. Oro para que Dios te abra los ojos y oídos espirituales, para que puedas escuchar la voz de Dios. Amén.

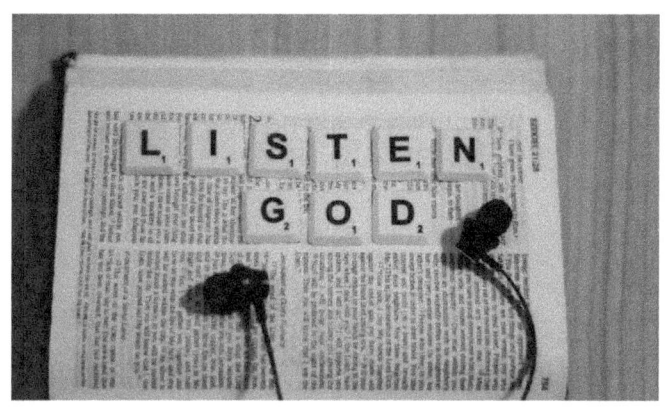

CAPÍTULO V

Controla tu mente

La mente es como tu torre de control, y debes aprender a controlarla en lugar de permitir que ella te controle. Quienes somos hoy en día es el resultado de lo que pensamos. No permitas que entren pensamientos tóxicos que envenenan tu mente y traen consigo la depresión y el desánimo, entre otros.

Debes vaciar tu mente para dar espacio a las bendiciones que Dios tiene para ti. Si tienes las manos llenas, no podrás recibir. Si tu mente está llena, no tendrás espacio para recibir. Por tanto, saca toda raíz de amargura, todo resentimiento, falta de perdón y todos los malos recuerdos de tu niñez.

No os conforméis a este mundo, sino transformaos mediante la renovación de vuestra mente, para que podamos discernir cuál es la voluntad de Dios, y sabemos que es buena agradable y perfecta... -Romanos 12: 2 (RVR1960).

Cuando te acuestes, vacía tu mente de todas las ofensas que hayas experimentado durante el día. Así tendrás un sueño feliz y reparador, como dice la Palabra de Dios en el Salmo 4:8: "En paz me acostaré y así dormiré, porque solo tú, Jehová, me haces vivir confiado."

Como un hombre piensa en su corazón, así es él. No te aferres a tus errores, como dice Proverbios 23:7: "Porque tal es su pensamiento en su corazón, tal es él."

Los pensamientos invisibles traen consecuencias visibles. A menudo, tenemos pensamientos erróneos que ingresan en nuestras vidas y no podemos identificar que estos son como dardos de Satanás. Un ejemplo bíblico de esto se encuentra en el libro de los Hechos 5:1-3.

Había un hombre llamado Ananías, junto con su esposa Safira, quienes vendieron una propiedad. Habían prometido llevar el dinero de la venta a Dios. Sin embargo, el verso 2 nos dice que solo llevaron una parte del dinero a los apóstoles, pero afirmaron que era la suma total de la venta.

Con el consentimiento de su esposa, Ananías se quedó con parte del dinero, no le mintió al hombre, sino que le mintió a Dios, ya que él fue quien prometió dar el valor total. En el verso 3, Pedro le dijo: "Ananías, ¿por qué has permitido que Satanás llene tu corazón? Le mentiste al Espíritu Santo y te quedaste con una parte del dinero".

Estoy segura de que en ese momento Satanás ocupó su "torre de control" y le trajo la avaricia. Cuántas veces nosotros también hemos prometido cosas a Dios y no las hemos cumplido. Por ejemplo, vendí una propiedad hace unos años para pagar un préstamo y, aunque no me quedaría dinero, prometí dar el diez por ciento, o sea, el diezmo. En el momento de tener el dinero en mis manos, el diablo intentó tentarme y me dijo que estaba loca por regalar esa cantidad de dinero a la iglesia. Sin embargo, soy temerosa de Dios y trato de cumplir mis promesas, e incluso doy más de lo pactado con el Señor. Mi compromiso es con Dios, no con los hombres. No hago trueques con Dios, pero, ¿sabes qué? Algo inesperado sucedió. Alguien que me debía una suma de dinero que daba por perdida vino y me la pagó. Esto me enseñó que Dios premia la honestidad y la integridad. Que nuestro "sí" sea "sí" y nuestro "no" sea "no". No debemos ser inconstantes.

Como dijo el rey David en el Salmo 103:5: "Él sacia de bien mi boca de modo que me rejuvenece como al águila". Él es quien llena nuestra despensa y no nos faltará nada.

Debemos vaciar nuestra mente de todos los pensamientos negativos para que Dios nos llene de cosas buenas y las bendiciones que tiene para ti y para mí. Pero, si no hay espacio, ¿cómo nos llenará? Así que suelta los celos, el resentimiento, la apatía, el descontento, la indiferencia.

Haz un inventario hoy de tu mente y decide qué debes sacar para hacer espacio a las bendiciones de Dios. Confiesa todo lo negativo hoy y declara: "Mi mente le pertenece a Cristo".

Como dice el Salmo 32:1-3: "Bienaventurado aquel cuya transgresión ha sido perdonada y cubierto su pecado".

Verso 2) "Bienaventurado el hombre a quien Jehová no culpa de iniquidad y en cuyo corazón no hay engaño verso."

Verso 3) "Mientras callé, se envejecieron mis huesos; en mi gemir todo el día."

Dije hoy: "Ya no callaré. Voy a vaciar todo lo que ha envejecido mis huesos. Mientras no te decía la verdad, mis huesos se envejecieron. Todo lo que me ha estado atormentando, hoy lo saco de mi mente. Ya no callaré.

Voy a sacar todo lo que me mantiene atado al pasado y no me deja avanzar hacia el futuro. Ya no viviré estresado, amargado o resentido. Todo error que cometa se lo confesaré a Dios."

Tal y como dice en el verso 7: "Tú eres mi refugio; me guardarás de la angustia. Con cánticos de liberación me rodearás."

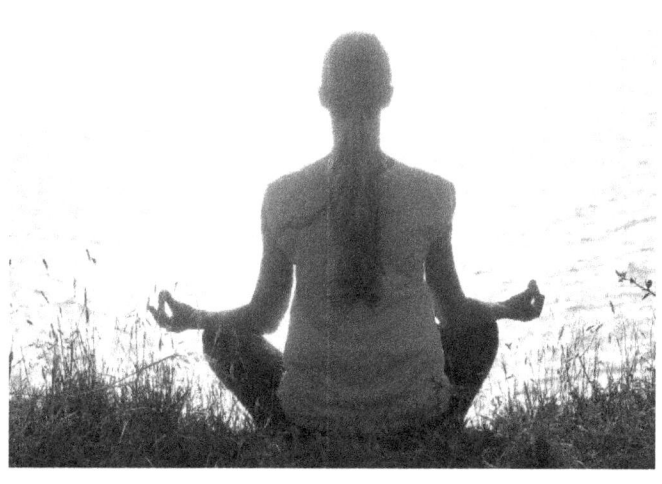

CAPÍTULO VI

Despójate de la carga

Despojarse significa que hay algo de lo que usted debe deshacerse, que debe eliminar.

Efesios 4:22 dice: "En cuanto a la pasada manera de vivir, despojaos del viejo hombre, que está viciado conforme a los deseos engañosos..."

Despojarnos del pecado y de todo aquello que nos impide seguir a Jesús...

Todos pasamos por momentos en que nos sentimos cargados, agobiados, desanimados. Cuando no podemos con la carga, Cristo nos dice: 'Venid a mí todos los que estén trabajados y cansados, y yo haré descansar'.

Cuando estamos desanimados, el enemigo gana ventaja, nos acusa trayendo el enojo, heridas, complejos de inferioridad. Encontramos que todo nos sale mal, que no hay salida. Si no soltamos rápido estos pensamientos, pueden dominarnos.

En el Evangelio de San Mateo 11:28-30, el versículo 28 en la NTV dice: "Luego dijo Jesús: 'Vengan a mí todos los que están cansados y llevan cargas pesadas, y yo les daré descanso...'". Mientras que la versión TLA dice: "'Ustedes viven siempre angustiados y preocupados. Vengan a mí, y yo los haré descansar...'"

El versículo 29 continúa: "Pónganse mi yugo. Déjenme enseñarles porque yo soy humilde y tierno de corazón, y encontrarán descanso para el alma."

Finalmente, el versículo 30 afirma: "Pues mi yugo es fácil de llevar y la carga que les da es liviana." Si tenemos a alguien que puede ayudarnos, ¿por qué hacerlo solos? Entrega toda carga y ansiedad a Jesús, como lo hice yo hace algunos años, y te aseguro que hubo un antes y un después en mi vida.

Cuéntale a Dios tu carga; Él lo sabe, pero le gusta que nos humillemos y se la contemos, porque Él se compromete a llevarla. Él nos ama de una manera incondicional. Esto es un acto de fe. Deja de mirar tu carga y en su lugar, mira al que lleva la carga.

Jesús solo quiere que andemos en obediencia. Entrégale tu voluntad. Podemos vivir en medio de las cargas con la confianza de que Jehová nunca nos dejará ni nos abandonará. Ven a mí, toma Mi yugo, es fácil y ligero.

Lo que cargas te pesa, y lo que pesa te hunde. No tenemos por qué sucumbir, ya que tenemos a Quien nos ayuda con la carga. Jesús ha prometido llevar nuestro yugo. Sobrellevemos las cargas los unos por los otros.

Dice el Proverbio 18:12 en la NTV: "La arrogancia va delante de la destrucción; la humildad precede al honor". Y en la versión TLA: "El orgullo acaba en fracaso; la honra comienza con la humildad."

Te voy a dejar algunos versos bíblicos donde Jesús mismo se despojó:

- Corintios 9:24-27

- Filipenses 2:6-10

- Génesis 12:1-4

- Hebreos 11:24-26 (Moisés dejó el palacio, el lujo y el buen nombre; se despojó de todo para seguir el propósito de Dios).

El orgullo nos impide admitir que necesitamos la ayuda de Dios. Deja de lado tu autosuficiencia y entrega el control de tu vida a Dios. Este proverbio es un vivo ejemplo de esto. Si deseas avanzar y correr, debes despojarte de las cosas que están robándote el tiempo que le pertenece a Dios. No temas dejar cosas por amor a Cristo.

Colosenses 3:5 (NTV): "Así que hagan morir las cosas pecaminosas y terrenales que acechan dentro de ustedes." No tienen nada que ver con la inmoralidad sexual, la impureza, las bajas pasiones y los malos deseos. No sean idólatras, despójense de todo lo que impide llegar a la meta que es Cristo. Echemos en Jesús todas nuestras cargas."

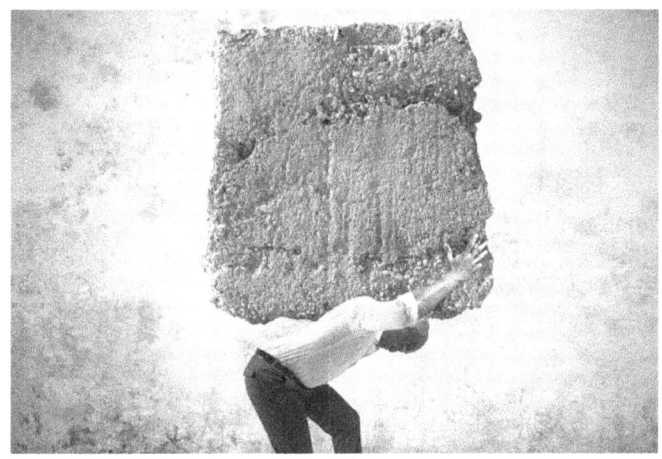

Dra. Laura Balcácer De Núñez

CAPÍTULO VII

¿Por qué te turba?

El evangelio según San Juan 14:1-14 (RVR1960) dice: "No se turbe vuestro corazón; creed en Dios; creed también en mí." Dios es justo y sabía que vendrían malas noticias, por eso dijo: 'Y no dejen que el corazón se les llene de angustia; confíen en Dios y confíen también en mí.'

El verbo 'turbar' significa agitar, interrumpir el curso normal de algo y proviene del Latín 'turbare'. Esto trae desorden y alteración, y es por eso que Dios nos dice en su palabra que no se turbe vuestro corazón ni tenga miedo.

Por eso, Jesús en el Evangelio de San Juan 14 recuerda que solo cuando creemos en Jesús viene consuelo a nosotros cuando vienen las pruebas.

Porque si Dios mora en ti, Él te consolará y estará contigo, aunque no físicamente, sino a través del Espíritu Santo. Vendrá a nosotros y conoceremos que Su presencia es suficiente para darnos consuelo, amarnos, protegernos y cuidarnos.

Por ejemplo, cuando murió mi madre, el Señor me consoló de una manera sobrenatural. Yo no podía creer la paz que sentía, porque me apropié de esta promesa. Jesús dijo que esta separación es momentánea. Sé que un día volveremos a vernos, ya sea que Dios venga o me llame a Su presencia. Entonces, ¿por qué creer lo que dice el mundo o mi carne? Jesús dijo: "En la casa de mi Padre muchas moradas hay", y esa es nuestra bendita esperanza: que estaremos con Él por la eternidad.

Cuando recibimos una mala noticia, no solo se turba nuestro corazón, sino también nuestra mente.

Jesús es el camino, la verdad y la vida. Nadie viene al Padre sino por Mí. Pero cuando llegan esas malas noticias, solo Dios nos consuela. Cuando no sabes qué hacer, como, por ejemplo, si tu cónyuge te dice que ya no quiere seguir contigo, te despiden de tu empleo, puedes estar endeudado y tener hijos que dependen de ti, te sientes como si el mundo se derrumbara. Sientes que no sabes a quién acudir, tus amigos se alejan y tus familiares también. Todos te juzgan sin razón. Tú has estado haciendo las cosas bien y te preguntas a Dios: "¿En qué te he fallado? ¿Por qué esto está sucediendo? ¿Por qué a mí, que te soy fiel y quiero hacer tu voluntad?"

No siempre vienen cosas a nuestra vida porque andemos en desobediencia. En mi experiencia personal, puedo decir que he salido fortalecida, con más confianza y dependencia en mi Dios, de esas situaciones que se me han presentado. Quizás sea de las personas que menos esperas, quienes te ofrecen su hombro y te dicen: "Todo estará bien, Dios está contigo, y yo también." Amén.

Dios es quien te corona de favores y misericordia. Él es quien sacia de bien tu boca. Él es quien te hace justicia y derecho a todos

 los que padecen violencia. Salmo 103:4. ¡Aleluya!

Dios te dice: "No temas, porque yo estoy contigo; no desmayes, porque yo soy tu Dios que te esfuerzo; siempre te ayudaré, siempre te sustentaré con la diestra de mi justicia."

Un alma abatida se siente desanimada, sin esperanza, como dijo el salmista: "¿Por qué te abates, oh alma mía, y por qué te turbas dentro de mí? Espera en Dios; él es tu luz y tu salvación." (Salmos 42:11) Las personas desanimadas tienden a culparse a sí mismas. El desánimo es la antesala de la depresión.

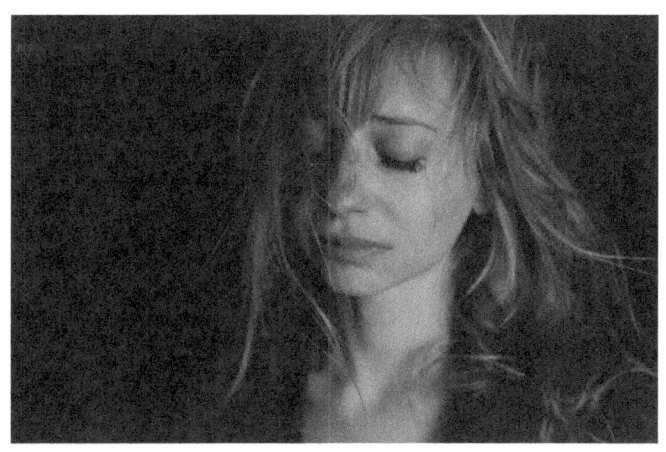

CAPÍTULO VIII

El Dios que te sostiene

Sostener significa cargar el peso y mantener o continuar con una situación. También se refiere a apoyar, soportar o brindar apoyo a alguien.

Isaías 41:10 y 13 (RVC) nos dice:

10) No tengas miedo, que yo estoy contigo; no te desanimes, que yo soy tu Dios. Yo soy quien te da fuerzas, y siempre te ayudaré; siempre te sostendré con mi justiciera mano derecha.

13) Yo soy el Señor, tu Dios, que te sostiene por la mano derecha y te dice: "No tengas miedo, que yo te ayudo."

El Dios que nos sostiene nunca te ha dejado solo. Dios tiene algo mejor para ti. Si la pandemia no te ha vencido, es porque el Dios que te sostiene no te ha abandonado.

Josué 1:9 dice: **"Escucha lo que te mando: esfuérzate y sé valiente. No temas ni desmayes, que yo soy el Señor tu Dios, y estaré contigo por dondequiera que vayas."**

Josué se desanimó tras la muerte de Moisés. Cuando el desánimo llega, Dios nos dice: "No temas, porque yo estoy contigo."

El desánimo es peligroso para quienes lo padecen, ya que es un mal consejero. Lo primero que hace es alejarte de Dios y sus promesas, y te hace culparlo por lo que te sucede. Un ejemplo de esto lo encontramos en el profeta Elías, quien se desanimó cuando enfrentó la amenaza de la malvada reina Jezabel. En 1 Reyes 19:9-10 vemos cómo Elías, a pesar de todo lo que Dios había hecho a través de él, cayó en el desánimo y se escondió en una cueva.

Elías pidió a Dios que cayera fuego del cielo, y Jehová lo hizo. Sin embargo, cuando la malvada Jezabel amenazó con matarlo, Elías se sintió atemorizado y cayó en el desánimo, llegando incluso a desear la muerte. A pesar de no tener razones para desanimarse, el miedo lo llevó a dudar de Dios.

Debemos refugiarnos en el Dios que puede restaurarnos y levantarnos. A menudo, las críticas y cuando las cosas no salen como esperábamos nos llevan al desánimo. Como hombres y mujeres de Dios, no debemos depender de los aplausos de los hombres, sino de la palabra de Dios que arde en nuestro interior, como mencionó el profeta Jeremías, quien también luchó contra el desánimo. Nunca dudó de que Dios era real, pero a veces parecía dudar de la soberanía de Dios. El enemigo usa estas dudas para desenfocarnos del propósito para el cual Dios nos ha llamado a servir. En ocasiones, parecía pensar que Dios era injusto. Esto es lo que sucede cuando el desánimo afecta nuestras vidas.

Hebreos 12: 5-8 RVC: "Hijo mío, no menosprecies la disciplina del Señor, ni desmayes cuando eres reprendido por Él; porque el Señor disciplina a los que ama..."

Dice el salmo 16:8: "Todo el tiempo pienso en ti, Señor; contigo a mi derecha, jamás caeré." Nuestro Dios es maravilloso, y aunque a menudo somos infieles. Él permanece fiel.

El salmo 63:8 nos dice: "Está mi alma apegada a ti; Tu diestra me ha sostenido." Este es el Dios que nos sostiene…

"No temas porque yo estoy contigo, no desmayes porque yo soy tu Dios; que te esfuerzo; siempre te sustentaré… Te daré fuerzas y te ayudaré; te sostendré con mi mano derecha victoriosa." La palabra 'no temas' la encontramos en la Biblia varias veces. Esto significa que Dios nos recuerda con frecuencia que andemos sin temor porque él está con nosotros, y nos dice más, 'yo estoy contigo'. Solo tenemos que apropiarnos de esta promesa que, si Dios ha prometido estar con nosotros todos los días, Él lo cumplirá.

Lo único que debemos hacer es estar en obediencia para que su presencia jamás se aparte de nosotros, como Dios le dijo a

Moisés en éxodo 14:13, y Moisés dijo al pueblo: "no temáis, estad firmes y ved la salvación que Jehová hará, hoy con vosotros, porque los egipcios que hoy habéis visto nunca más para siempre los veréis."

Desde el principio de la creación, Dios ha tratado con el hombre.

Para que tenga una dependencia total y absoluta de Él, y por eso en Génesis 15:1 Dios le dice a Abraham; Yo soy tu escudo y tu galardón será sobremanera grande...

Ahí mismo, en Génesis, 21;17. "Y Dios escuchó la voz del muchacho y el Ángel de Dios llamó a Agar desde el cielo y le dijo.

¿Qué tienes Agar? no temas, porque Dios ha oído la voz del muchacho en donde está.

Y dice la versión de la NTV, pero Dios escuchó llorar al muchacho.

Y el Ángel de Dios llamó a Agar desde el cielo.

¿Agar qué pasa? No tengas miedo, Dios ha oído llorar al muchacho allí tendido en el suelo Génesis 21:17. Aleluya."

No tema significa no tener temor a nada, ni a nadie, sino que nuestra confianza esté puesta en Dios.

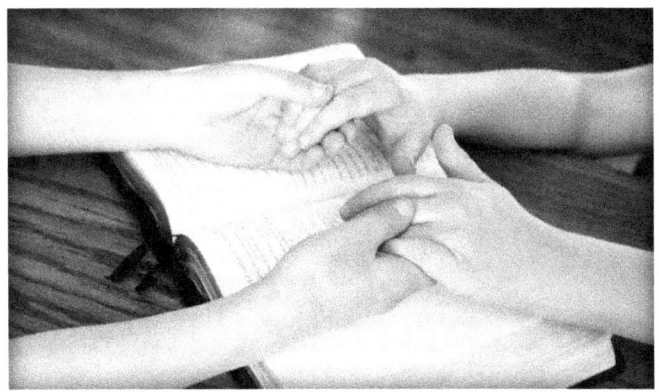

Dra. Laura Balcácer De Núñez

CAPÍTULO IX

Confía siempre en Dios

¡Ora, Espera y Confía!

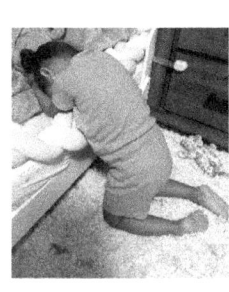Confiar en Dios trae paz al corazón. Cuando confiamos en nuestro Padre celestial, depositamos en Él nuestra fe y descansamos tranquilos. Porque esta es la confianza que tenemos en que cualquier cosa que pidamos conforme a su voluntad, Él nos oye. - 1 Juan 5:14 (RVR 1960)

Debemos confiar siempre en Dios porque Él es digno de nuestra confianza.

El temor, la duda, hará que confiemos en nuestros propios recursos; o que pongamos nuestra confianza en algo o en alguien.

Y eso no es lo que Dios quiere para nosotros. Como dicen los proverbios 3: 5 al 7 NTV: "Confía en el Señor con todo tu corazón; no dependas de tu propio entendimiento."

"Busca su voluntad en todo lo que hagas, y Él te mostrará cuál camino tomar. No te dejes impresionar por tu propia sabiduría. En cambio, teme al Señor y aléjate del mal."

Él todo lo sabe, Él todo lo ve y todo lo puede, Amén. Él nos conoce desde el vientre de nuestra madre, desde antes de que naciéramos. Como se encuentra en el salmo 13: 5-6 RVR1960: "Pero yo confío en tu gran amor; mi corazón se alegra en tu salvación. Canto salmos al Señor. ¡El Señor ha sido bueno conmigo!" Y por eso Él desea que tengamos una relación con Él, que dependamos de Él en todo.

Cuando decimos todos es en todos. "Dice que mi embrión vio tus ojos, y en tu libro estaban escritas todas aquellas cosas que fueron luego formadas" salmos 139:19 (RVR1960).

Como dice la palabra de Dios en filipenses 4:6-7: "Que por nada estemos afanosos, sino sean conocidas vuestras peticiones delante de Dios en toda oración y ruego; con acción de gracia."

"Y la paz de Dios, que sobrepasa todo entendimiento, guardará vuestros corazones y vuestros pensamientos en Cristo Jesús". Nuestra confianza está puesta en Él, no importa lo que nuestros ojos puedan ver. Que podamos confiar en Él de una manera sobrenatural y Él hará; Amén.

Como dice el Salmo 37:23, 'Aun cuando un ejército me asedie, no temerá mi corazón; aun cuando una guerra estalle contra mí, yo mantendré la confianza.'

Cuando el temor y el miedo nos inmovilizan, y nos paralizan, ahí es cuando más debemos obedecer a Dios y poner nuestra confianza en Él, y avanzar con Él; no confiar en nuestro propio conocimiento…

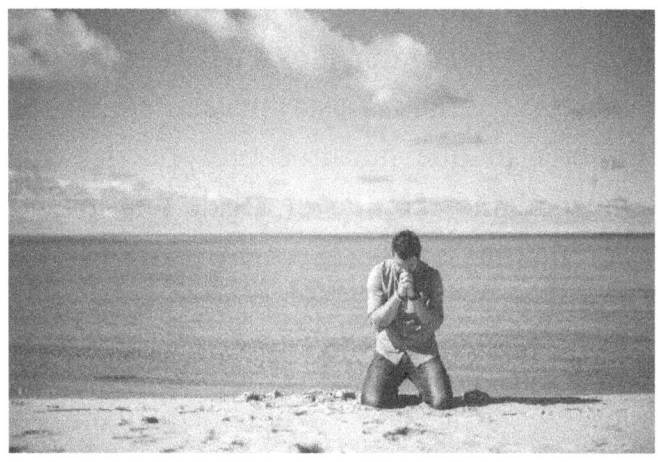

Dra. Laura Balcácer De Núñez

CAPÍTULO X

Es hora de avanzar

El Señor nos acompaña y va delante de nosotros. Él es nuestra fortaleza en todo momento y podemos confiar en Él.

Una vez que reconocemos que todo es de Él, por Él y para Él, nuestra responsabilidad es ser buenos administradores de lo que Él pone en nuestra mano. Por ejemplo: la familia, la salud, los recursos, los talentos, etc.

Dijo Dios a Moisés en Éxodo 14:15, '¿Por qué me clama a mí? Diles a los hijos de Israel que avancen hacia la tierra prometida...' No era tiempo de quedarse quieto cuando Dios les había dicho que marcharan hacia la tierra prometida. No es tiempo de clamar a Dios, más bien era hora de levantar las estacas de sus tiendas y comenzar a avanzar hacia el Mar Rojo.

Cuando tenemos miedo, nuestra inclinación natural es permanecer quietos, mantener la calma, inmovilizarnos porque eso es lo que hace el miedo y los enemigos lo saben.

Cuando sabemos que la batalla es del Señor, podemos poner un pie delante del otro y dar el paso de obediencia cuando Dios nos llama a levantarnos y seguir adelante.

Dios es más grande que el objeto de nuestro temor. Así como Dios le dijo a los israelitas que no temieran al ejército del faraón, así te dice a ti, amigo lector, que no mires a tu gigante sino que mires al Dios que vence al gigante. Un ejemplo es David cuando venció a Goliat.

Para los discípulos de Jesús fue una tormenta en el mar, como se relata en Marcos 4:40. Les dijo: '¿Por qué están amedrentados? ¿Cómo es que no tienen fe?'

Para Jairo, el peor temor de un padre era la pérdida de un hijo, como se menciona en Marcos 5:36. Jesús no intenta consolar a

Jairo por la muerte de su hija, sino que lo desafía a tener fe. Lo invita a creer sin importar lo que otros o la circunstancia misma estén diciendo.

Esta historia de Jairo nos deja dos lecciones. Primero, Jesús puede no venir cuando tú quieres, pero siempre llega justo a tiempo. Y segundo, si lo llamas, Él vendrá. En ocasiones, tendremos que separarnos de familiares y amigos que dudan y en nada ayudan a que suceda el milagro que Dios está a punto de hacer en nosotros...

En cada una de esas situaciones, Dios demostró ser más grande que el problema. Alguien dijo que el temor mata la fe, por tanto, "alimentémonos de la Palabra de Dios, que es viva y eficaz, y más cortante que una espada de dos filos. Penetra hasta partir el alma y el espíritu, las articulaciones y médulas." Hebreos 4:12. Por eso el Señor nos dice 'no temas, yo estoy contigo'. Sepa que Dios es infinitamente más grande que cualquier situación que podamos enfrentar en la vida.

Dios es digno de nuestra confianza; el miedo es infidelidad a Dios. El mismo miedo hará que confiemos en nuestros propios recursos, como lo dije anteriormente, o que pongamos nuestra confianza en alguien, no en Dios. El antídoto contra el miedo es la confianza en Dios…

"Pero los que confían en el Señor renovarán sus fuerzas; volarán como las águilas; correrán y no se fatigarán, caminarán y no se cansarán…" Isaías 40:31 (RVR1960). El salmista dijo en el Salmo 118:8, 'Es mejor refugiarse en el Señor que confiar en la gente' (NTV) 'Es mejor confiar en Jehová que confiar en el hombre' (RVR1960).

Y si Dios dice que estará con nosotros es porque así lo es, porque Dios no es hombre para mentir; ni hijo de hombre para que se arrepienta; Números 23:19. "No os engañéis; Dios no puede ser burlado, porque todo lo que el hombre siembre, eso también segará."

Dice el Salmo 121:8, 'El Señor es quien nos cuida, el Señor es tu sombra protectora. De día el sol no te hará daño, ni la luna de noche. El Señor te protegerá; de todo mal protegerá tu vida. El Señor te cuidará en el hogar y en el camino, desde ahora y para siempre…'

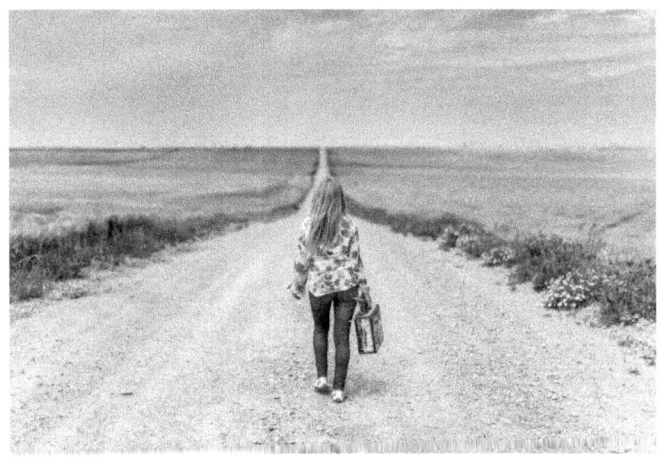

Dra. Laura Balcácer De Núñez

CAPÍTULO XI

Varios consejos para superar el miedo y el desánimo

El primer consejo es: lo que podemos hacer para superar el miedo es leer la palabra de Dios. De la única manera que podemos superar el miedo es teniendo una confianza total y absoluta en nuestro Creador. Confiando en Dios podemos luchar contra el espíritu de miedo. Si no sabemos lo que dice la palabra de Dios al respecto, no podremos superar el miedo y el desánimo. Tenemos que saber quién es Dios, cuáles son sus atributos. Si olvidamos lo que dice la palabra acerca de Dios y su carácter, por eso es tan importante leer e interiorizar la palabra de Dios, meditar en ella y deleitarnos en ella.

Dice Segunda de Timoteo 1:7, 'porque Dios no nos ha dado espíritu de temor, sino de poder, de amor y de dominio propio.

Esta lectura nos recuerda que Dios no nos ha dado un espíritu de miedo, sino de poder y de dominio propio. Hay muchas maneras en que podemos estudiar la palabra de Dios, unirnos ya sea a un estudio bíblico, asistir a una congregación o alguna comunidad de fe. También podemos aprender a través de hermanos que quizás tienen más conocimiento de la palabra que nosotros, para que puedan explicarla y así podamos interpretarla mejor, siempre pidiendo la guía del Espíritu Santo… Amén.

Segundo consejo: al leer la palabra de Dios, tenemos que invitar al Espíritu Santo para que sea Él quien nos revele, nos muestre y nos ayude a entender.

La palabra de Dios es un misterio que está ahí; solamente con la ayuda del Espíritu Santo podemos interpretarla. Lo importante es comenzar a leer y estudiar la palabra de Dios. Si tienes una agenda ocupada, quizá sea complicado encontrar tiempo, ya que el trabajo no siempre permite congregarte o dedicar mucho tiempo a la lectura de la palabra.

El tercer consejo: debes apartar un tiempo para leer la palabra de Dios o escucharla, porque es la única manera de que podamos ser sabios y entendidos en estos tiempos. Entender los atributos de Dios quita todo miedo e inseguridad. El temor ya no puede tener control sobre nosotros, ya no puede vencernos, porque conocemos al que ha vencido al mundo para que nosotros también podamos ser vencedores.

Por eso es importante conocer y estudiar la palabra de Dios; meditar en ella, como dice Josué 1:8 y 9: 'Medita de día y de noche en este libro de la ley, teniéndola siempre en tus labios; si obras en todo conforme a lo que se prescribe en ella, prosperarás y tendrás éxito en todo cuanto emprendas'.

El cuarto consejo: orar a Dios, como dice la palabra de Dios en 1 Tesalonicenses 5:17: **'Orad sin cesar'**. Este es el verso más corto de la Biblia, pero significa mucho. Nos insta a orar todo el tiempo. Esto es lo que debemos hacer para no tener miedo, orar siempre y en todo lugar. Dios quiere que oremos en todo momento; que podamos levantar manos santas hacia Él, y sabemos que orar es hablar con Dios.

Y dice el verso 18: 'y dad gracias en todo, porque esta es la voluntad de Dios para con vosotros en Cristo Jesús'. Debemos agradecer a Dios, porque un corazón contrito y humillado no desprecia Jehová. La palabra de Dios dice que no luchamos contra sangre y carne, sino contra fuerzas espirituales de la tiniebla. Por tanto, no podemos utilizar medios físicos para superar el miedo.

El quinto consejo es utilizar toda la armadura de Dios, a través de las herramientas y armaduras espirituales que nos habla en Efesios 6:11-18. Solamente de esa manera podremos vencer el miedo y de esa manera poner nuestra confianza en nuestro Creador.

Nos habla de toda la armadura de Dios que incluye el yelmo de la salvación, el cual protege nuestra cabeza; el escudo de la fe; coraza de justicia; espada del Espíritu; cinturón de la verdad; calzado del evangelio de paz. Y orando en todo tiempo, Jesucristo es como el escudo de protección. Eso es lo que va a quitar de nosotros todo el temor, toda la ansiedad, toda la duda. Por tanto, tomad toda la armadura de Dios para que podáis resistir en el mal día. Habiendo hecho todo, estad firmes, nos dice la palabra de Dios; y orando en todo tiempo.

De esa manera venceremos todo miedo, todo temor, toda angustia, toda desesperación. No importa cuál sea la tribulación, porque así lo dice su palabra.

En el mundo tendréis aflicción, pero confiad, yo he vencido al mundo. Pero para poder vencer esos temores, esas inseguridades, tenemos que conocer la palabra de Dios; esto lo vemos en el evangelio de San Juan 16:33 RVR1960.

Sé paciente en las aflicciones, porque vendrán muchas; pero soportarlas, pues he aquí, estoy contigo hasta el fin de tus días. Y si él está con nosotros, ¿quién contra nosotros?, dice el libro de Romanos 8:31.

¿Qué podemos decir de cosas tan maravillosas como estas? Si Dios está a favor de nosotros, ¿quién está contra nosotros?.

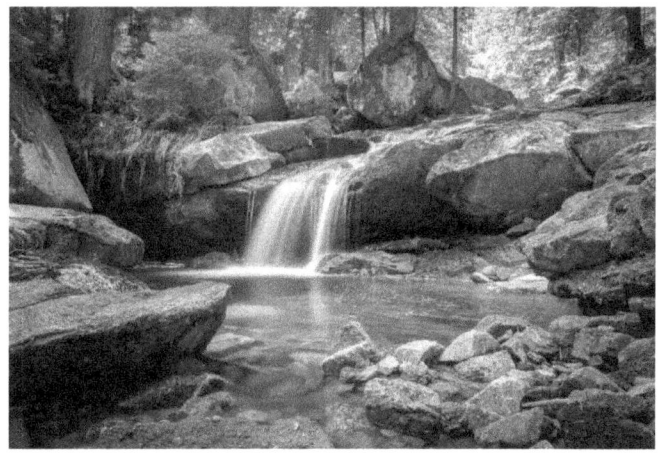

Dra. Laura Balcácer De Núñez

CAPÍTULO XII

Nada nos faltará

No hay carencia ni necesidad para aquellos que temen al Señor y lo buscan de todo corazón; porque aún sin dinero en la cartera y cuando la nevera está vacía, tenemos la certeza de que Jehová proveerá. Si amas y obedeces a Dios y le sirves de corazón, siempre tendrás lo que necesitas. Los leoncillos pueden carecer y pasar hambre, pero a los que buscan a Jehová no les faltará ningún bien." (Salmo 34:9-10 NTV)

El Salmo 23:4-5 NTV nos dice que, aunque camine por valle de sombra y de muerte, no temeré mal alguno, porque tú estarás conmigo; tu vara y tu cayado me infunden aliento. Dice en el quinto verso: 'Preparas un banquete en presencia de mis enemigos, me honras ungiendo mi cabeza con aceite. ¡Mi copa se desborda de bendiciones!

Y eso es lo que tenemos que tener, depósitos espirituales; tener esa palabra en nuestros labios y conocer todas las promesas de Dios para nuestra vida. Sabemos que, aunque estemos pasando por valle de sombra y de muerte, no temeremos porque Dios está con nosotros. Sabemos que dondequiera que vayamos, si andamos en obediencia, su presencia irá con nosotros y nos dará descanso.

Aquí, el salmista David estaba hablando y orando al Señor. Aunque David miraba hacia el valle, él decía que no temía ningún mal porque sabía que Dios estaba con él y que Dios lo consolaba. Podemos ver que David se sentía abandonado, pero su confianza en Dios la había perdido por un instante, pero luego la recobró.

Podemos ver su fe en Dios, aunque tenía miedo porque estaba siendo perseguido por el Rey Saúl. Pero su confianza fue lo que lo mantuvo firme creyendo en el Señor, porque la presencia de Dios nos da esperanza, nos da fuerza a través de cualquier valle oscuro que estemos viviendo por cualquier situación que estemos atravesando, ya sea la pérdida de un ser querido, quizás una infidelidad, un divorcio, una traición, pérdida de un empleo, de bienes materiales, una casa, etc. Aun en esos momentos, Dios promete que nada nos faltará.

¿Cómo reaccionas cuando te sucede algo inesperado o lo que se llama malo? ¿Qué sientes hacia Dios? Si te sucede algo desagradable cuando, a tu parecer, no has "hecho nada malo", ¿tienes sentimientos diferentes hacia Dios o hacia ti mismo?

Te invito a conocer la historia de Job en el capítulo 1, ante las desgracias que le ocurrieron. Piensa cómo habrías reaccionado tú en la misma situación. En Job 2:9 vemos que su propia esposa le dice que maldiga a Dios y se muera. A veces, de quienes esperamos una palabra de fortaleza y ánimo en esos momentos de dificultad, son los primeros que nos dan con la punta

del pie y cuestionan al Dios que servimos.
En estos momentos,

tenemos que decir, como el profeta Habacuc en el libro que lleva su nombre, capítulo 3, versos 17-18: 'Aunque la higuera no florezca, ni haya uvas en las vides, ni haya frutos, aunque falte el producto del olivo, y los campos queden vacíos, aunque los rebaños mueran, aun así, ¡¡¡me gozaré en el Dios de mi Salvación!!!

Dios no se muda, la paciencia todo lo alcanza, quien a Dios tiene nada le falta, solo Dios basta... solo Dios basta. La paciencia es la capacidad de soportar las demoras, los problemas, la oposición y el sufrimiento sin enojo, frustración o ansiedad. Es la habilidad de hacer y aceptar la voluntad de Dios y su tiempo. La paciencia no es simplemente sobrellevar las cosas, sino hacerlo bien...

Dra. Laura Balcácer De Núñez

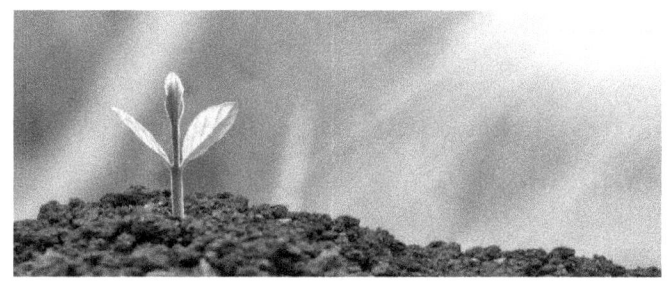

CAPÍTULO XIII

No dejes que las emociones te controlen

¿QUÉ SON LAS EMOCIONES?

La forma de manejar nuestras emociones es mediante el crecimiento en nuestro caminar con Dios; es que somos transformados.

Las emociones en el ámbito espiritual son estrategias intencionales, perspectivas y valorativas que están en nuestras manos para proyectarnos en la vida y de las que somos responsables. La emoción es la alteración del ánimo, puede ser intensa o pasajera, agradable o penosa, que va acompañada de cierta conmoción somática.

Es importante llegar a la raíz de lo que está controlando tus emociones. También es importante orar para que el Señor te dé la madurez y sabiduría para superar cualquier descontrol emocional.

Confía y cree que eres una nueva creación y que no tienes por qué vivir con miedo e inseguridades. Otra manera de confiar en Dios es alabando, adorando y glorificando su nombre. Cuando estamos en su presencia, no tenemos tiempo para tener miedo, porque su presencia nos llena de alegría y quietud. Nos da paz, una paz que sobrepasa todo entendimiento humano, ya que no depende de las circunstancias del mundo.

La paz que nos da el mundo es temporal y condicional. Depende de si estamos bien, si nuestro estado de ánimo está en su punto más alto, si nos sentimos completos y experimentamos un gozo efímero. Puede estar relacionada con tener la nevera llena, la despensa surtida, los hijos en buenos colegios.

A menudo, confundimos la verdadera felicidad con posesiones materiales y comodidades temporales, como tener el último modelo de automóvil. Sin embargo, estas son cosas básicas y efímeras, y no constituyen la fuente real de la felicidad duradera. Lo que realmente debemos anhelar y valorar son las bendiciones celestiales, ya que estas son eternas y no están sujetas a la corrosión o el deterioro. Como afirma Romanos 8:35, ninguna tribulación, angustia, persecución, hambre, desnudez, peligro o espada podrá separarnos del amor de Cristo. Esto revela que el amor de Dios en Cristo Jesús es inquebrantable.

Cuando vivimos como hijos de Dios, cultivamos una relación cercana con Él, lo que nos permite abordarlo con la confianza y la intimidad de un niño que se dirige a su amado Padre, diciendo "Abba Padre". Esta relación es un tesoro inestimable que solo se encuentra en la comunión con nuestro Creador.

Es común ver a Jesús relacionándose con el Padre con una confianza bienaventurada, y podemos pensar que no somos dignos de hacer lo mismo. Sin embargo, recordemos que estamos en Cristo y tenemos el privilegio de relacionarnos con el Padre de la misma manera que lo hace Cristo Jesús. ¡Amén!

El Espíritu mismo da testimonio a nuestro espíritu de que somos hijos de Dios. En pocas palabras, Pablo nos dice que aquellos que son hijos de Dios, nacidos de nuevo por el Espíritu de Dios, conocen su estatus porque el Espíritu Santo testifica a nuestro espíritu que así es.

También hay cristianos cuyas mentes están tan nubladas por ataques espirituales que comienzan a creer la mentira del enemigo de que, después de todo, no son hijos de Dios. Sin embargo, el testimonio del Espíritu Santo todavía está ahí. Los hijos de Dios deben tener clara su identidad. ¡Amén!

Las promesas de Dios son tu armadura y protección, como dice el Salmo 91:4-5: "Con sus plumas te cubrirá y con sus alas te dará refugio. Sus fieles promesas son tu armadura y tu protección."

No temas los terrores de la noche ni la flecha que se lanza de día. No temas la flecha que te lanzan, como David cuando el Rey Saúl intentó matarlo. Cuando alguien hable mal de ti o te calumnie, no devuelvas el mal al que te lo envía. Tampoco uses la flecha que te envía tu adversario para hablar mal de esa persona. Si puedes, esquívale; hazlo. Sé sabio, porque Dios está contigo, y no temas la flecha, porque con solo levantar el escudo de la fe, el Señor te protegerá.

Y no te tocará ni deberás tener miedo al terror de la noche. La paz de Dios te acompañará. Yo les he dicho estas cosas para que en mí hallen paz. En este mundo afrontarán aflicciones, ¡anímense! Yo he vencido al mundo. (San Juan 16:33)

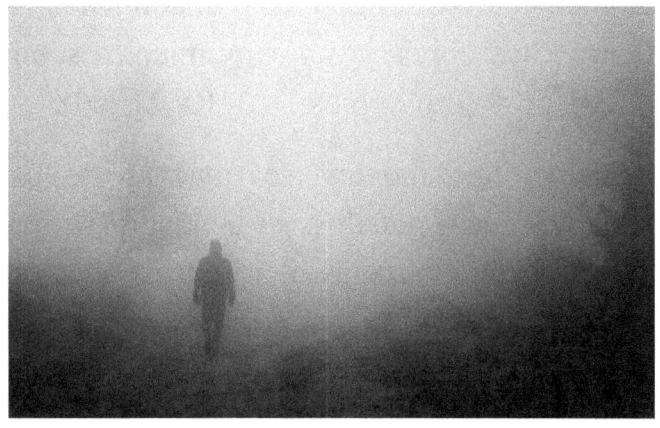

Dra. Laura Balcácer De Núñez

CAPÍTULO XIV

Sus fieles promesas son tu armadura y tu protección

Dios nos ama y quiere caminar con nosotros en nuestro viaje por la vida. Quiere que andemos tomados de su mano, porque es tan bueno y misericordioso que, a pesar de fallarle diariamente y ofenderle, Él nos dice: "Hijito mío, ven, que yo voy contigo". Dios es Soberano, un Dios de amor, paciente y misericordioso, lento para la ira y grande en misericordia. "Encomienda a Jehová tus obras, y tus pensamientos serán afirmados" (Proverbios 16:3, RVR1960).

Aunque los montes se muevan y los collados sean quitados, su bondad y su paz nunca serán apartadas de nosotros, pues así lo promete Jehová, quien tiene misericordia de ti (Isaías 54:10, RVC).

La gente que lleva a Dios por dentro no tiene miedo, nadie puede destruir un hijo de Dios que anda en integridad y obediencia. Samuel respondió: '¿Qué le agrada más, que se le ofrezcan holocaustos y sacrificios o que se obedezca lo que él dice?' El obedecer vale más que el sacrificio. - 1 Samuel 15:22

Jesús le contestó: 'El que me ama obedecerá mi palabra y mi Padre lo amará y haremos nuestra morada en él.' - Juan 14:23. El que afirma que conoce a Dios y no obedece sus mandamientos es un mentiroso y no tiene la verdad. En cambio, el amor de Dios se manifiesta plenamente en la vida del que obedece su palabra. De este modo sabemos que estamos unidos a él. El que afirma permanecer en él tiene el deber de vivir como él vivió. - 1 Juan 2:3-6.

Si ahora me son del todo obedientes, y cumplen mis pactos, serán mi propiedad exclusiva entre todas las naciones.

'Aunque toda la tierra me pertenece', dice Jehová de los ejércitos en Éxodo 19:5 (RVR1960).

Dice el libro de Santiago 1:22: 'No se contenten solo con escuchar la palabra, pues así se engañan a sí mismos. Debemos llevarla a la práctica.'

Así nos dice el Señor en el libro de Deuteronomio 11:13-15: 'Si obedecemos fielmente sus mandamientos y amamos al Señor nuestro Dios y le servimos con todo el corazón y con toda el alma, entonces él enviará la lluvia oportuna sobre tu tierra, en otoño y en primavera, para que obtengas el trigo, el vino y el aceite.'

También hará crecer hierba en los campos para tu ganado, y comerán y quedarán satisfechos. Estas son las recompensas por la obediencia de amar a Jehová Dios y obedecer sus estatutos, decretos y mandamientos todos los días.

Jesús nos mostró un perfecto ejemplo de dependencia de Dios. Nos enseñó a vivir una vida guiada por el Padre y el Espíritu Santo, por lo que la oración tenía un papel importante en su vida, como nos relata el evangelio de Marcos 1:35: 'Levantándose muy de mañana, siendo aún muy oscuro, salió y se fue a un lugar desierto, y allí oraba.'

Si Jesús, siendo el Hijo de Dios, sentía la necesidad de apartarse y estar a solas con Dios, cuánto más necesitamos tú y yo pasar tiempo a solas con nuestro Padre celestial.

Jesús nunca se condujo bajo su propia prudencia, al contrario, todos los días buscaba las instrucciones y sabiduría de su Padre. En la Biblia encontramos muchos versículos que nos relatan que Jesús se apartaba a orar con su Padre, como dice Marcos 1:35. Todos los que afirman seguir a Cristo debemos tomar tiempo a solas cada día para recargar energía, hablar con Dios, leer las Escrituras y considerar lo que Dios tiene preparado para nosotros.

Hay poder en la oración de madrugada, apartado del bullicio, en la quietud, cuando aún no ha rayado el alba. ¿Te unías a los ancianos en sus tribus? ¿Realmente quieres ir donde nos lleva a Moisés? Somos libres. ¿Por qué tenemos que seguir caminando ahora? Separémonos, el mar está cerca, cada familia debe seguir su propio camino. Somos una nación. Moisés nos sacó de Egipto y nos guiará.

Hasta donde Dios quiere, si no permanecemos unidos, será el fin. Debería darles vergüenza, no manchen nuestra libertad con sangre...

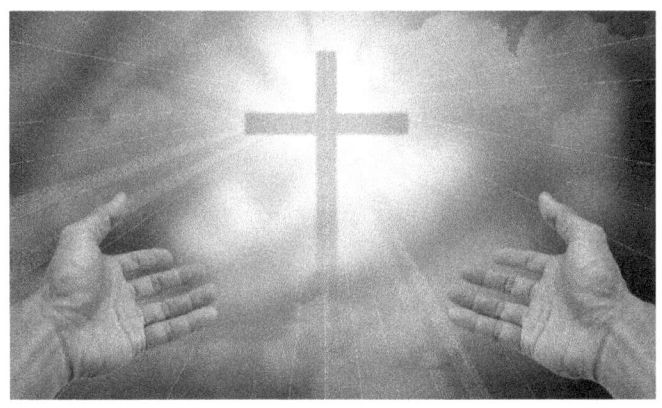

Dra. Laura Balcácer De Núñez

CAPÍTULO XV

La columna de nube y la columna de fuego

Éxodo 13:21-22. La columna de fuego en el desierto era la señal de la presencia de Dios para los Israelitas y les proporcionaba luz para sus viajes... Verso 21: Aquellos a quienes Dios lleva por un desierto, no los dejará perderse allí, sino que se encargará de llevarlos a través de él. Los hebreos salieron de **ISRAEL** y el Señor nuevamente iba delante de ellos. Durante el día guiaba el camino con una columna de nubes y en la noche con una columna de fuego.

Dime qué es ese fuego que nos sigue, le preguntaron a Moisés y él respondió: 'Es la luz de Dios que nos guía y nunca nos abandona.' ¿Y quién fue el que te dijo eso? Era Miriam, hermana de Aarón y Moisés. Ella me lo dijo porque lo sabe. Los hebreos, perseguidos por el faraón y sus tropas, marcharon hacia el mar, tal como Moisés les ordenó.

Éxodo 14:14-18 enviado por Dios indicaba el camino a seguir. De pronto, había un Ángel del Señor, se les apareció. Dios está con nosotros. ¡Confíen en su Señor!

Nuevamente vemos el poder de Dios. ¿Recuerdas cuando el Señor le dijo a Moisés: '¿Por qué clamas a mí?'

Dile al pueblo que siga adelante, extiende tu vara sobre las aguas y el mar abrirá un sendero delante de ti y todo el pueblo de Israel podrá cruzarlo como en tierra seca. ¡Aleluya! Vemos que el pueblo de Israel pudo cruzar en seco el Mar Rojo. Y el Señor no los dejó en vergüenza porque pusieron su confianza en Él.

Moisés dice al pueblo: 'No temáis, estad firmes y ved la salvación que Jehová hará hoy con vosotros, porque a los egipcios que hoy habéis visto, nunca más los volveréis a ver.' Y como dice Éxodo 14:14, Jehová peleará por vosotros. Y vosotros estaréis tranquilos. Eso es lo que nosotros debemos estar cuando tenemos nuestra confianza puesta en Dios.

Solo tenemos que estar tranquilos porque Él se encarga de todas nuestras necesidades. Él es quien provee nuestro sustento, así como lo hizo al enviar el maná al pueblo de Israel. Dice que les mandaba el sustento diario. Diario venía maná del cielo, pero a veces se nos olvida todo lo que Dios ha hecho por nosotros y nos volvemos rebeldes, nos volvemos críticos, quejosos, nos volvemos con un espíritu de inseguridad. Tenemos que tener un corazón agradecido y darle gracias a Dios en todo momento, glorificar su nombre.

Poderoso Dios, llévate todo espíritu de queja de nuestros labios. Que en nuestros labios solamente haya alabanza, un cántico nuevo cada día para alabarte y bendecirte en todo momento. Gracias te damos, Señor, en el nombre de Jesús. Amén.

Y extendió Moisés su mano sobre el mar y el Señor, por medio de un fuerte viento solano que sopló toda la noche, hizo que el mar retrocediera y cambió el mar en tierra seca. Fueron divididas las aguas, uno de los acontecimientos más impresionantes de la historia. Ya conocemos la historia de cómo el Señor realizó el milagro del Mar Rojo. El pueblo de Israel pudo pasar en seco; todo porque un hombre puso su confianza en Dios.

Particularmente, este pasaje de la Biblia me enseña una lección poderosa. Moisés fue el instrumento que Dios usó, a pesar de todas las excusas que le puso a Dios, como que no sabía hablar y que era tartamudo. Los Israelitas tenían miedo, pero nuestro Dios nos da la victoria cuando Él nos envía.

Solo necesitamos ser obedientes. Moisés les dijo: 'Vean la obra de Dios, que él era tartamudo, que no sabía hablar, que no sabía qué decir al pueblo, y que no lo iban a escuchar por su tartamudez.' Quería que el

Señor usara a Aarón en lugar de él. ¿No es así, mis amados lectores? Si Dios nos da una instrucción, solo tenemos que obedecerla, porque cuando Dios nos manda, él nos guía, nos respalda y nos capacita. Solamente tenemos que venir en obediencia y humildad, y hagámoslo en su nombre, no con sabiduría humana. Amén.

La envidia y el egoísmo no forman parte de la sabiduría que proviene de Dios. He ahí, estas cosas son terrenales, puramente humanas.

¿Quién es sabio y entendido entre vosotros? Muestre por la buena conducta sus obras en sabia mansedumbre. Santiago 3:13-14 (RVR1960).

Porque Dios no es hombre para mentir, ni hijo de hombre para arrepentirse de lo que dice. Dios no nos abandonará, él estará siempre a nuestro lado.

Esto también ocurre en nuestra vida. Dios constantemente nos invita a cumplir su misión y te dice, como a Moisés: 'No tengas miedo, yo estaré contigo.' ¿Y si sabemos que él está con nosotros, por qué permitimos que el temor perturbe nuestro corazón?

Por qué temer, si el Señor puede quitar toda inseguridad, toda duda, de nosotros. Todo miedo se va en el nombre de Jesús. Solamente tenemos que poner nuestra confianza en él, porque él ha prometido estar con nosotros todos los días de nuestra vida.

No un día a la semana, no un día al mes, sino todos los días de nuestra vida. Amén. Y así el Señor le dijo a Moisés la frase cuando Moisés le dijo: 'Cuando me pregunten quién me envió, ¿qué digo? Dígales: ¿Yo soy quién es?' Yo soy. Dígales, 'Yo soy el que me envió.'

Esta frase es la que Dios daría como respuesta cuando Moisés le interrogaran por su nombre. Este relato se encuentra en Éxodo. Ahí podemos ver cómo sigue contando la historia. El mismo Dios le dice a Moisés: 'Cuando te pregunten, dile: Yo soy, me envió.'

En todo el Antiguo Testamento se usan dos palabras para nombrar a Dios: Elohim y Jehová. Puesto que el hebreo original escribía la palabra 'Dios' como solo un título, equivalente al rey, creador o emperador, y que Jehová es un nombre.

Elyon significa 'Dios altísimo', y lo encontramos en Génesis 14:18 e Isaías 14:13.

Llamad a Dios Todopoderoso, Omnipotente. También lo encontramos en el Salmo 9:11, usado 48 veces en el Antiguo Testamento.

'Olam' es el título hebreo para Dios Eterno, que se encuentra en Génesis 21:33 y en Isaías 40:28.

¿De qué tienes temor?

El Señor gobierna los cielos del mundo y los entrega a quien Él quiera. Dice el Salmo 56:3-4, y vamos a leer en la NTV: 'Pero cuando tenga miedo, en Ti pondré mi confianza'.

Bendito el hombre que confía en el Señor y pone su confianza en Él.

Será como un árbol plantado junto al agua, que extiende sus raíces hacia la corriente; y no teme que llegue el calor, y sus hojas siempre están verdes. En época de sequías no se angustia y nunca deja de dar fruto. Pon en manos del Señor todas tus obras y tus proyectos se cumplirán.

Alabo a Dios por lo que ha prometido, en Dios confío. ¿Qué pueden hacerme unos simples mortales? ¿Por qué habría de tener miedo? ¿Qué pueden hacerme los simples mortales? Como dice el verso 4...

Más bien, temed al que puede matar tanto el alma como el cuerpo. Por tanto, debemos temer solo a Dios y este temor es reverente. Esto lo dice el evangelio en el libro de Mateo 10:28 en la versión NTV. Amén.

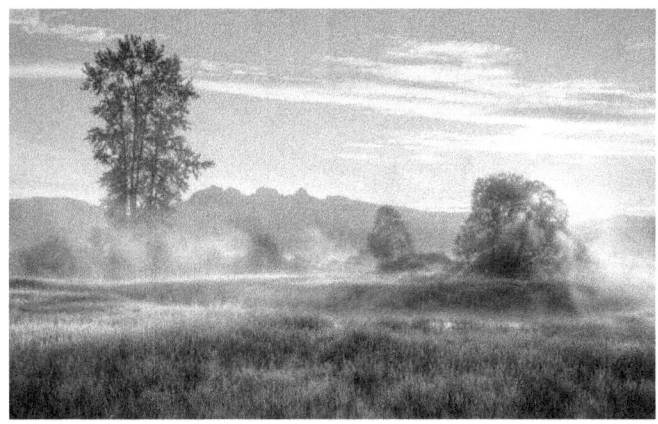

Dra. Laura Balcácer De Núñez

CONCLUSIÓN

Este libro fue escrito a la luz de la sagrada escritura, con textos en diferentes versiones. Este es el verdadero manual práctico para vivir una vida exitosa, proporcionando pautas para enfrentar las diferentes etapas en nuestra vida.

Ayudará a los nuevos creyentes a tener una total y absoluta dependencia en Dios. Toda persona, en algún momento, tendrá que enfrentarse con la decisión de perdonar una ofensa o guardarla como una raíz de amargura en su corazón. El perdón libera del rencor y trae confianza en sí mismo. Dice Isaías 43:25: 'Yo soy el que borra tus rebeliones por amor de mí mismo, y no me acordaré de tus pecados.' Perdona al que te ha hecho mal y olvida el pasado.

www.ingramcontent.com/pod-product-compliance
Lightning Source LLC
Chambersburg PA
CBHW072332290526
45794CB00002B/837